D1766110

SLY
COOKING

42 irresistible Gaelic words

Catrìona NicilleDhuibh

SLY
COOKING

42 irresistible Gaelic words

FORRADH

Catrìona NicilleDhuibh

Air fhoillseachadh ann an 2017 le Acair Earranta
An Tosgan, Rathad Shìophoirt, Steòrnabhagh
Eilean Leòdhais HS1 2SD

www.acairbooks.com
info@acairbooks.com

www.slycooking.com

An dealbhachadh agus an còmhdach, Acair Earranta

Dealbhachadh an teacsa agus an còmhdach Mairead Anna NicLeòid

Gaelic Words and Expressions from South Uist and Eriskay
Collected by Rev. Fr. Allan McDonald of Eriskay (1859-1905)
air a chleachdadh le cead Bord Rialaithe Scoil an Léinn Cheiltigh,
Institiúid Árd-Léinn Bhaile Átha Cliath.

Le taic bhon Comann Rìoghail Cheilteach

Gheibhear clàr catalogaidh airson an leabhair seo bho Leabharlann Bhreatainn.

Chuidich Comhairle nan Leabhraichean am foillsichear le cosgaisean an leabhair seo.

Tha Acair a' faighinn taic bho Bhòrd na Gàidhlig.

Clò-bhuailte le Hobbs, Hampshire, Sasainn

ISBN/LAGE 978-0-86152-446-4

Do m' athair, a chuir air
an rathad bhrèagha seo mi

A' Glacadh Rud nach Gabh a Ghlacadh

Tha cunnart ann, nuair a thàirneas tu dlùth ri fuamhaire – duine àrd a thaobh bodhaig cho math ri cliù – gun searg thu gus am fairich thu cho beag ri luch. Sin mar a tha mise le Maighstir Ailein. Abair gur e duine mòr a bh' ann, anns a h-uile seagh – cha mhòr na naomh ann an cuimhne nan Èirisgeach.

Tha mi air iomadh rud a leughadh mu dheidhinn, agus an cruinneachadh fhaclan aige gu lèir barrachd air aon uair. Tha m' athair air leabhar tiugh domhainn a sgrìobhadh mun bhàrdachd aige. Agus (taing do dh'Alasdair Roberts) tha mi air a leabhar-latha a leughadh cuideachd: na smuaintean dìomhair a bha a' snàmh timcheall inntinn an t-sagairt bho latha gu latha, a' chuid mhòr anns a' Bheurla, cuid eile dhiubh sa Ghàidhlig.

Duine ealanta a bh' ann, dìreach bliadhna no dhà nas sine na mise nuair a chaochail e aig aois 45. Cò mise gu bhith a' sgrìobhadh anns a' Ghàidhlig leibidich agam mu rìgh nam faclan? Cò mi, nam shuidhe an seo nam dhachaigh ùir san Òlaind, a' call mo chuid Gàidhlig le bhith ag obair air Duitsis?

Tha freagairt na ceist agam a' tighinn bhon duine fhèin, a bha a' cur seachad na h-ùine sa Mhàrt 1898 ri taobh an teine, 's an talamh a-muigh geal le sneachd.

Bho nach eil cosnadh na's fheàrr agam, nach faod mi bhith cur faobhar air a' Ghàidhlig mhaoil a th'agam? Cha mhisd i idir beagan 'na mheirg a thoirt dith, is ma leanas mi air a sgrìobhadh leis an inneal a tha 'nam dhòrn an geartair tha dùil agam gum faigh mi sìlean air choireiginn dha'n mheirg – 's ma tha mheirg 'na sìleanan – a fhroiseadh dhith.[i]

Deagh chomhairle ma-thà. Buailidh mi orm agus 's ann mar sin a dh'fhàsas mi nas fheàrr. Agus tha e coltach nach eil mi nam aonar leis na teagamhan. Ged as e fìor dheagh Ghàidhlig a bh' aige, bha Maighstir Ailein beò am measg nan daoine aig an robh a' Ghàidhlig bu bhòidhche air an t-saoghal, 's bha sin ga fhàgail diombach ris fhèin bho àm gu àm.

"Ach am farmad a bhios agam ris na daoine aig am bi Gàidhlig shiubhlach bhlasda, 's ri ruith cho réidh aca 's i cho binn ri ceilearadh na h-uiseig, 's cho milis ris a' mhil a bhios an seillean srianach a' deoghal o chuach nan dithean a's t-foghar. Cha n-eil comas air. A dh'aindheoin dìchill, 's fheàrr cleachdadh na h-òige. 'S ann an sin bha mise 'n call – 'gam thogail ann am baileachan eadar a bhith Gallda agus Gàidhealach, gun uiread is a' Phaidir fhéin do dh-ùrnaigh, gun iomradh idir air facal sgoileadh, 'ga fhaighinn an Gàidhlig, ach 'gar caibhleachadh bho mhochran gu feasgar ann an sgoil na Beurla – ann an sgoil na Laidinn 's na Greugais nan togramaid – 's a' chànail bu bhrioghmhoire 's bu dùthchasaich' dhuinn 'ga dìobradh. Tha bhlàth sin ann – an car cam a chuir a' Bheurla 'nam bhial an tràth sin, tha e ann fhathast, agus bithidh. Cha bhi mise coingeis gu bràth air a' Ghàidhlig air a shàilibh sud, 's ge b'oil le m' chridh' 's le m' sgamhan, bithidh boladh breun glagarsaich mì-thlachdmhor an t-Sasunnaich ghlais air a' Ghàidhlig a dh'fhàg blas is sgoil na Beurla cho gagach, cho stacach, cho rag-bhriathrach ann am cheann-sa."[ii]

Tha coltas cho ùr-nodha air na faclan sin. Cha do dh'atharraich mòran a thaobh suidheachadh na Gàidhlig anns na sgoiltean fad ceud bliadhna, agus san eadar-àm chaidh tòrr de na chuala Maighstir Ailein à bith. Thill cothrom ionnsachadh tro mheadhan na Gàidhlig mu dheireadh ann an 1985, ach tha "boladh breun glagarsaich mì-thlachdmhor an t-Sasunnaich ghlais" doirbh a sheachnadh a-nis. 'S gann gu bheil Gàidheal ann nach eil a' faotainn rudeigin a dhìth air a' chainnt aige, a thaobh blas, no sgoilearachd, no briathrachas.

'S ann air sàillibh sin nach cùm mi mi fhìn am falach san Òlaind, ged a tha nàire orm mo chuid Gàidhlig ghagach, stacach, rag-bhriathrach a leigeil ris. Nan stadamaid uile a chionn 's nach robh a' Ghàidhlig againn math gu leòr – nan robh Maighstir Ailein fhèin air stad air sàillibh "a' Ghàidhlig mhaoil a th'agam" – thigeamaid às fada nas bochda.

Chan urrainn dhomh stad co-dhiù. Tha mi air mo bheò-ghlacadh leis na stuthan tasgaidh: na clàir ann an Sgoil Eòlais na h-Alba, na notaichean aig

Maighstir Ailein – na faodailean bho amannan a dh'fhalbh, a tha a' leigeil saoghal eile ris tro na milleanan de khaleidoscopaichean beaga draoidheil. Tha mi air trì filmichean goirid a dheanamh às na tasglannan, agus seo mi a-rithist, le faclan sgrìobhte an triop sa. Chan eil anns na h-obraichean ealain a tha seo uile ach seòrsa de mhargaidheachd – sanas a tha gur stiùireadh a dh'ionnsaigh nan ionmhas a bha ann fad an t-siubhail.

Seallaibh a-nis air na faclan sònraichte a thog Maighstir Ailein ann an Uibhist a Deas 's ann an Èirisgeigh: 2,900 dhiubh, air an sgrìobhadh sìos gu dìcheallach ann an leabhraichean-nota mòra eadar 1893 agus 1898, cho math ri sgeulachdan, beul-aithris, òrain agus eile.

Air an dara làimh, thuig Maighstir Ailein buileach cho cudromach 's a bha e seo uile a ghlacadh mus rachadh e à bith. Ach, air an làimh eile, bha e ga chàineadh fhèin airson na bh' ann de chall ùine nuair a bha rudan na bu diadhaidhe aige ri dhèanamh mar shagart. "Sgrìobh mi sìos druideartan ann an Leabhar nan Ròlaisdean," sgrìobh e san leabhar-latha aige, "Leabhar Mór nam Briag a chanadh Mgr. Alasdair nach maireann ris.

'S mi tha buileachadh na h-ùine ann an dìomhanas. Tha 'n leisg a' ruighinn a' smior-chaillich agam."[iii]

Cha robh e idir ag iarraidh ainm a dhèanamh dha fhèin leis an obair aige. Bha e toilichte a toirt seachad do dhuine sam bith a thigeadh ga h-iarraidh. Fhuair Ada Goodrich-Freer à Sasainn grèim air na notaichean, chuir i tòrr cheistean air, agus dh'fhoillsich i an t-uabhas dhen stuth fo a h-ainm fhèin. Ach cha do chuir sin mòran dragh air Maighstir Ailein. "How she can turn the Notes to such account," sgrìobh e, "I can't make out. A bee is skilful to extract honey from many strange flowers."[iv]

Flùraichean annasach gu dearbh. Às na deich leabhraichean-sgrìobhaidh mòra a lìon Maighstir Ailein, tha a dhà air chall, agus tha na sgoilearan air a bhith trang a' cladhach ionmhais às an fheadhainn eile. Chaidh na faclan a chur an òrdugh le Iain Latharna Caimbeul ann an 1958 agus fhoillseachadh mar fhaclair leis an Institiúid Árd-Léinn ann am Baile Átha Cliath: *Gaelic Words and Expressions from South Uist and Eriskay* – furasta gu leòr a lorg. Siuthad. Dìochuimhnich an leabhar seo – thalla a cheannach an fhir ud!

Bidh an leabhar sin a' cur gàire air m' aghaidh a h-uile triop a thogas mi e. Abair gu bheil lùths anns na faclan. Agus spòrs. Tha Beurla a' coimhead bochd an coimeas ris na faclan brèagha seo. Cò a leughadh làn fhaclair? Chan e sin an cur-seachad àbhaisteach agam! Ach tha am faclair seo a' toirt seachad dealbh iongantach de shaoghal làn aire air na rudan beaga bìodach nach fhaic thu, cha mhòr – leithid mionagadanan agus rong; air dòighean neònach nan daoine – leithid pìobairean nan tobhtaichean agus riobag shonais; agus air na suidheachaidhean air leth anns an lorg duine e fhèin – leithid grùdach agus forradh.

Chan eil dad ann an *Sly Cooking* nach tàinig bhon fhaclair mhìorbhaileach sin. Tha mi gam fhaicinn fhìn mar nàdar de *warm up act*. Taing do Chomhairle nan Leabhraichean agus dhan Chomann Rìoghail Cheilteach airson taic a chumail rium, agus taing mhòr do m' athair, Raghnall MacilleDhuibh, a chuidich mi, mar as àbhaist, ann an iomadh is iomadh dòigh.

Taing cuideachd do MhacTV, a chuir sgrìob air dòigh dhomh a dh'Eilein na h-Òige gus na faclan a shiubhal am measg muinntir an eilein, agus am measg muinntir Uibhist a Deas. Chuir mi seachad seachdain bheannaichte a' dol bho thaigh gu taigh còmhla ri stiùiriche a' phrògram, Ruaraidh Macilleathain, agus Iain Eàirdsidh Mac a' Mhaoilein, a bha uaireigin na shagart an Èirisgeigh agus an Dalabrog, dìreach mar a bha Maighstir Ailein fhèin. Chuala mi gun robh na fiosraichean againn air a bhith trang mus do ràinig sinn, a' faighinn còmhla gus liosta nam facal a sgrùdadh, ged nach do leig iad idir orra rinne gum faca iad riamh roimhe e.

Chuir mi fealla-dhà aig teis-meadhan *Sly Cooking*, mar nàdar de dh'ìocshlaint an aghaidh nan ìomhaighean romansach dhen Ghàidhealtachd a tha air tighinn thugainn tro na linntean 's a tha a' mairsinn an-diugh. Leis a seo, cha chreid mi nach eil mi air an aon ràmh ri Amy Murray, tè à New York a thàinig a thadhal air Maighstir Ailein dìreach mus do dh'eug e. Bu bheag oirre an *Celtic Gloom* a bha na fhasan eadar-nàiseanta, 's i a' faicinn le a sùilean fhèin fealla-dhà gheur Mhaighstir Ailein 's nan Èirisgeach.

Chunnaic mise pailteas dhen fhealla-dhà sin air mo sgrìob fhìn, agus faireachdainn a' tighinn orm

14

gu math tric gun robh daoine a' magadh orm ann an dòigh choibhneil, shèimh. Mar a thuirt Màiri Thormoid NicAonghais rium nuair a bha sinn a-mach air an fhacal *glaigeil*: "Tha iad math gu gàireachdainn ann an Èirisgeigh. Dhèanadh iad gàire às rud sam bith, cha robh e gu diofar!"

Bha Amy Murray na seinneadair, na clàrsair, agus – a rèir Roger Hutchinson – na *notable beauty*.[v] Cha robh ach facal no dhà de Ghàidhlig aice, ach bhiodh i a' dèanamh a dìchill le gàire, ga faicinn fhèin mar *haply alien*. Bha spèis shònraichte aice dha na Gàidheil, 's gu h-àraid dhan t-sagart ghrinn àrd leis an do chuir i seachad sia seachdainean brèagha. "Alas," thuirt i mu na haply aliens eile a thigeadh dhan eilean san àm ri teachd, "that these shall find no Father Allan there to help them out as he helped me!"[vi]

Cue this haply alien. Ach bha faclair an t-sagairt fom achlais, agus spiorad an duine fhathast ri fhaireachdainn san eaglais gu h-àrd, sna dealbhan air na ballachan, sna h-òrain air bilean nan daoine, agus san t-seann chladh, a' coimhead a-mach air a' chuan.

Thug mi leam inneal-clàraidh gus a h-uile rud

fhaighinn air teip, ach cha robh e cho furasta sin do dh'Amy bhochd Murray. Bha duilgheadasan nach bu bheag aice 's i a' feuchainn ri òrain a sgrìobhadh dìreach mar a rachadh an gabhail. "I speak but for the alien," thuirt i, "one with maybe a drop of the Highland blood in her. For such a one, to waylay the tune the first time it goes past is not so easy as it might be."

Bhiodh e furasta gu leòr nam b' e 's gun robh i airson òrain *parlour* a dhèanamh asta, mar a rinn Marjory Kennedy-Fraser le cuideachadh Mhaighstir Ailein. Ach cha robh Murray airson na h-òrain atharrachadh a rèir blas Gallta an ama: bha i airson an glacadh gu fìrinneach, cho pongail 's a ghabhadh: a' cumail a-staigh nam pongan "ceàrr", a' cumail a-staigh nam fuaimean annasach ud nach gabh a sgrìobhadh sìos.

Chluinneadh i seinn fiù 's nuair nach robh daoine a' meas gun robh iad a' seinn ann (Maighstir Ailein nam measg). Cha chreideadh iad i mus sgrìobhadh i na pongan gus am fonn a chluich air ais mar phort dhaibh. Abair gun robh iongnadh orra! Dhearg i fiù 's air gàire nan Èirisgeach a sgrìobhadh sìos, a bha air leth bho ghàire chàich:

16

Now, the Eriskay girls have a laugh of their own —something like this:

Obair àraidh a bh' ann, "to catch what is not to be caught".[vii] Bha Murray a' feuchainn ri dhèanamh le ceòl na bha Maighstir Ailein air bliadhnachan a chur seachad a' dèanamh le faclan. A' glacadh rud nach gabh a ghlacadh.

Agus tha e cho math gun do ghlac. Ged a dh'aithnich muinntir an àite co-dhiù fichead facal far an liost agam de leth cheud, tha an còrr aca air a dhol air chall an aigeann na h-inntinne. 'S tric a chunnaic mi sradag chuimhne a' lasadh aghaidh, feadh 's a bha cuideigin a' coimhead air na faclan, ach theicheadh i a-rithist gun fhacal.

Air an làimh eile, tha cuid a dh'fhaclan fhathast cho cumanta 's a ghabhas, leithid sgòrnaich, cabag is giobain. Tha cuid eile a' toirt an cuimhne sgeulachdan làidire, brìoghmhora leithid na feadarraich, a chuir eagal am beatha air tòrr ris an do bhruidhinn mi fhad 's a bha iad a' fàs suas.

Bha faclan eile a' nochdadh far an tug Maighstir Ailein còrr is aon chiall seachad, ach cha do mhair ach aon chiall. Ròmhan, mar eisimpleir, a bh' aige air an fhuaim a th' aig bò a tha a' tachdadh air buntàta. Chan eil ach 'ròmhanaich na Samhna' aig muinntir an àite a-nis, an fhuaim a chluinneas tu air a' chladach anmoch sa bhliadhna nuair a tha an latha a' falbh agus an oidhche a' tighinn a staigh nas tràithe.

Gu dearbh thug Maighstir Ailein iomadh ciall seachad airson tòrr de na faclan a tha a' nochdadh san leabhar seo, ach airson rudan a chumail sìmplidh is tarraingeach, cha do chùm mi ach a' chiall a ghlac m' aire. Ma tha sibh airson fiosrachadh nas mionaidich fhaicinn, nach toir sibh sùil air **www.slycooking.com**.

Do mhuinntir Èirisgeigh, 's e a th' ann an coilleag ach bàgh far am faigh thu tòrr fhlùraichean, mar ann an Coilleag a' Phrionnsa. Ach cha b' e sin idir na coilleagan anns an robh ùidh agamsa, na cearcallan ola a bhios a' nochdadh air uachdar brot. Airson diofar a dheanamh eatarra, tha mi air tionndadh chun an dàrna litreachaidh a thug Maighstir Ailein seachad, caoibhleag.

Bu chòir do chuideigin tràchdas a sgrìobhadh air cor nam boireannach a rèir nam faclan a chruinnich Maighstir Ailein. Tha an t-uabhas ann a tha *gender-specific*. Nuair a dh'fhaighnich mi timcheall an àite mu dheidhinn cabag, thachair rudeigin inntinneach. Aig na boireannaich, 's e th' ann an cabag ach tè a bhios a' bruidhinn cus – a cheart coltach riutha fhèin, chanadh iad le gàire. Ach a rèir nam fireannach, chan eil cabag idir snog – tha i ag innse rudan nach bu chòir innse.

A thaobh foileag (air fhuaimneachadh mar "faoileag"), tha am mìneachadh san fhaclair caran maol, nuair a thèid a sgaradh bho foileadh (a' dèanamh obair chabhagach). Aig muinntir Èirisgeigh, chan e buileach "boireannach foileach salach mu bhiadh 's mu na h-uile car feadh taighe" a th' ann am foileag, ach tè a tha daonnan trang, a' feuchainn a làimhe air cus. Sin mise! Ach co-dhiù, tha an tè shalach na mo dhealbh-sa laghach. Nan robh taigh glan sgiobalta agamsa, cha bhiodh an leabhar a tha nad làimh air tighinn a-mach riamh.

'S e obair beatha a bhiodh ann rannsachadh ceart a dhèanamh air na faclan uile, gan tàladh suas gu uachdar inntinn nan daoine. Nuair a dh'fhaighnich mi an toiseach do Mhàiri Thormoid mu dheidhinn sgionc, thuirt i nach robh am facal aice. Chrath i a ceann. Ach cha d' fhuair mi na b' fhaide na *squeeze* nuair a rinn i gàire mhòr 's a thuirt i anns a' bhad, "Bha i air a sgioncadh ann an dreas!" Abair ìomhaigh làidir! Bha mi a' dèanamh fiughair gus tilleadh dhachaigh a dhèanamh an deilbh.

Chòrd an sgrìob glan rium. Cha b' fhada gus an do thòisich na faclan ùra a' nochdadh gu nàdarra ann an còmhradh eadar Ruaraidh is Iain Eàirdsidh 's mi fhìn. 'S e spòrs a bh' ann do dh'Iain Eàirdsidh earraig a chuir orm. Bhiodh an dithis aca a' storradh a' chofaidh orm aig àm breacaist. Cho luath 's a bha na faclan againn, cha dèanamaid às an aonais. Tha mi 'n dòchas gur ann mar sin a bhitheas dhutsa cuideachd.

Catrìona NicilleDhuibh,
Santpoort-Noord,
an t-Ògmhios 2017

Notaichean

i   *Leabhar-Latha Mhgr. Ailein Domhnallaich*, Gairm I, 1952, pp.54-55

ii   *Leabhar-Latha Mhgr. Ailein Domhnallaich*, Gairm I, 1952, p.55

iii   *Leabhar-Latha Mhgr. Ailein Domhnallaich*, Gairm V, 1953, p.37 (18 Màirt 1898)

iv   Roberts, ed, *A Hebridean Diary Kept by the Revd. Fr. Allan McDonald on Eriskay, September 1897 to June 1898*, unpublished, p.153 (19 May 1898)

v   Hutchinson, *Father Allan*, Birlinn, 2010, p.180

vi   Murray, *Father Allan's Island*, Harcourt, Brace and Howe, 1920, p.118

vii   Murray, *Father Allan's Island*, Harcourt, Brace and Howe, 1920, p.126

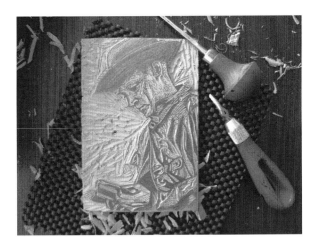

Father Allan's Treasure

It's long been said that the Inuit have fifty words for snow. More recently, academics have counted 421 snow-related terms in Scots.[i] I have no idea how many Gaelic words there are for snow, but we can be sure that some young scholar somewhere is sifting feverishly through the dictionaries, determined to claim the title for Scotland's oldest language.

What I do know is that 130 years ago, in an area comprising 2000 people, one priest managed to pick up fifty-nine local weather-related Gaelic words which demonstrate an expert familiarity with every possible nuance of wind and rain. "There was never a tint in the sea nor sky but he was marking it and naming it," observed a friend.[ii] And the devil appears, in the same man's poetry, under thirty-six different linguistic guises.[iii]

That man was the much-loved Father Allan McDonald, who served the 1600 parishioners of Daliburgh, South Uist, from 1884 to 1894 and then, to its south, the 460 inhabitants of the island of Eriskay from 1894 until his early death in 1905.

Fr Allan's name will forever be associated with Eriskay. He was a global celebrity in his own lifetime, and revered still, almost as a saint. The "high priest" (at six foot three inches, he was the tallest man on the island) attracted scholars, musicians and writers to Eriskay, and, making quite an impression, he went on to feature prominently in numerous novels and scholarly works.

He was devoted to the people and to their rich store of language, stories and beliefs; not as plunder for drawing room improvement, as fashionable Celtic Revivalists of the time were wont to do, but as treasure worth preserving, in all its unselfconscious authenticity, before outside influences could extract the soul from it. The Catholic church was supportive of such activities, recognising strands of its own medieval influence within the time-honoured lore of the Western Isles.

"His was the mind of the earlier Celt," said his friend and admirer, Amy Murray; "the Celt of the cycles and *sgeulan*,[iv] robust and positive, desirous and direct. With that world-weariness of nowadays, that faintness of the will that wears with such an air the Celtic weed, he was in no sort of sympathy."[v]

The Mòd was established during this time, ironing out the idiosyncrasies of Gaelic song for competitive performance. Fr Allan did not approve. It was "as though you were to fit a statue into a box by taking off the nose and ears."[vi]

He was a man ahead of his time, filling ten large notebooks with words, folklore and song, gathered over years of attentive fireside listening. The words alone number 2,900, published posthumously as the dictionary from which this book is drawn.[vii]

Brought together from Fr Allan's notes, *Gaelic Words and Expressions from South Uist and Eriskay* was described by its editor, John Lorne Campbell, as "more readable, perhaps, than any other dictionary".[viii] For me, it has always been delightful treasure trove, revealing the sophistication of a language often wrongly dismissed in modern times as limited and crude. It's also full to the brim with folklore, and with details of the working life of the Gael – out of doors, and at home with the family.

I have to bite my tongue when I see Gaeldom admired as an empty landscape of mountains and moors, all still and isolated, as if the mashed-up Gaelic names for the mountains (some swaggering

Munro-bagger will tell you how to pronounce them *properly*) sprang ethereally from the swishing of the heather.

No. The names came from people. People with powerful imaginations, an inextinguishable collective memory, extraordinary attention to detail, and a gritty determination to survive by their wits. Amy Murray remarked to Fr Allan's housemaid upon the "ready wit and cheerful spirits" of the Eriskay folk. "God gives us this," answered the grey-eyed girl, "because we have so little."[ix]

What's the English word for *storradh*, "to importune a person to take a thing as food when not inclined to take it"? How would you translate *forradh*: "sly work about food, cooking slyly"? I love these words. They are so human, so specific, so laden with half-supressed mirth.

I love the fact that Fr Allan's collection contains more than one word to describe the noises women make when they get together. It brings to mind the hilarity of the waulking, the men lined up at a safe distance to spectate, all the while running the risk of coming under attack from lyrical improvisation.

As John Lorne Campbell has pointed out, some of Fr Allan's informants "were monoglot Gaelic speakers born before the battle of Waterloo".[x] One of those was Janet MacNeil, from Smercleit, South Uist – great-great-granddaughter of Dòmhnall Ruadh Pìobaire who received his piping powers from the fairies. I have a particular attachment to that story, albeit a variant of it: *Pìobairean Bhòrnais*, which I made into an animated film in 2003.

"Who do you find to talk with?" Fr Allan's friends would ask him. "With the first old men or women," he'd say, "and you'll never hear such beautiful talk as I get from them."[xi]

But in his darker moods, Fr Allan viewed his "scribbling" as a regrettable and self-indulgent distraction from pious prayer.[xii] His diary (for access to which I am indebted to Alasdair Roberts) reveals a man in torment, grieving for his dear friend Fr George Rigg, who, by nursing a family of typhus victims that nobody else would dare approach, became infected and died himself. Fr Allan could not forgive the people of South Uist for that. And indeed my father, Ronald Black, has noted that a year later, "Some poetic demon was howling in the depths of Fr Allan's consciousness" as he composed a wedding ode too full of invective to have possibly been aired at the marital feast.[xiii]

Throughout all this, Fr Allan was working himself to the bone, doing "the work of four"[xiv] as priest, nurse, political representative, civil servant and all-round "Lord of the Isles". He never used a horse or cart, and walked for miles, sometimes going more than a day without food. In 1905, his health, having never fully recovered from a breakdown thirteen years earlier, finally gave way, and, at the age of forty-five, the flu took his life. "Father Allan went to his long rest," said the Herald obituary at the time, "amid the tears of strong men not used to weeping."

*   *   *

Over the years, Fr Allan received many visitors eager to exploit his access to ancient Gaelic culture. Ada Goodrich-Freer buttered him up, took his manuscripts, and claimed the work as her own. Marjory Kennedy-Fraser, well-intentioned and certainly no crook, sought his help in noting down songs to gentrify for the parlour rooms of

Edinburgh and London. The helpful priest even shut the island shop, when she turned up in a last minute panic, by ordering its staff to row her out to a fisherman to take down his song.[xv]

When musician Amy Murray turned up from New York, Fr Allan was expecting more of the same. He told her as much. But she turned out very quickly to be different: in search of authenticity; aware of her own "haply alien" status; and, with her basic Gaelic, deeply respectful towards the people she met and the songs they shared with her.

I am, I think, a little like these ladies, holding onto my hat and making a posthumous visit across the water to see what delights the great man can give me access to. I have made a selection of my favourite words from his collection, and I hope with this book to bring them to a new audience, without diminishing their power. I have edited the definitions to keep them short and sweet; I hope that leaves the nose and ears intact.

I am nothing without the help of my father, the real expert in all matters Gaelic. In 1966, seven years before I was born, he was tramping his way around Eriskay with a suitcase full of books for sale, Fr

Allan the subject of two of them.[xvi] Thirty-six years later, my father brought out his own edited collection of the priest's poems.[xvii] It makes me proud to know that with this book I am, in some small way (and with his enormous help as always), following in his footsteps.

It feels slightly fraudulent to be writing this at a geographical remove, in my new home of the Netherlands, compounding the inevitable historical distance. But to some extent that's the point I'm making. Some of these words, like *tobhta*, will always belong to history, but many of them need not remain encased in the dusty past.

Bring them back to life: accuse your mother-in-law of *storradh* next time she forces the second piece of apple pie on you (as long as the devil's not shaken the *iolagan* between you). Call your boss a *geoinichd-cinneach* under your breath, while you watch him *sgionc* his big behind into the squeaking office chair. My children love running through the Dutch dunes shouting *"Cas-bhacaig!"* every time they see an errant root threatening to trip us up.

I want to see these words vigorous still in the 21st century, bandied about in action. That's why I have drawn many of them in universal settings and modern clothing. Gaelic is not confined to the past. It remains a living organism with the power to pop up in the 21st century wherever it finds a welcome.

I have included very basic phonetics for those of you who don't speak Gaelic. Where elements of it look like English words, pronounce them as you would those words (in a Scottish accent, ideally). Where you see "ch", say it as you would in the word "loch", and soften the same sound for "gh". Where you see "hh", it's the breathy bit you hear at the very start of the word "huge". Always lay emphasis on the part of the word which I have underlined.

Fr Allan provided more than one meaning for many of the words in this book, but in the interests of simplicity I have only included the definition which tickled my fancy. So, if you dig a little deeper, you'll find that a *cabag* isn't just "a woman with too much talk." It's also "a useless notched tool." Make of that what you will. If you're interested in finding out more about any of the words here, take a look at **www.slycooking.com**.

I am tremendously grateful to the Gaelic Books Council and the Royal Celtic Society for their faith in this project, giving me generous grants to make the book before I even tackled the issue of how it would get published. And for their patience while I travelled on a long voyage of artistic self-discovery during the making of it!

I drew the first few illustrations, digitally with a graphics tablet, in February 2013. Despite the means of production, my style has always looked rough-hewn and handmade. That summer a friend pointed out that my digital illustrations looked like linocut prints, and I was inspired to retrieve my schoolgirl linocut tools from home. I'm not sure how it happened, but within weeks I was struggling to keep up with local demand for my handmade linocut Amsterdam canal scenes.

Though seriously distracted by my newfound status as a Dutch landscape artist, I never forgot my first love, and over the course of the next four years, I cut and printed all the images in this book by hand, and even the words themselves. Believe me, that is no small undertaking. It became, in essence, a labour of love, a pilgrimage even, and at one stage I had to be dissuaded by Acair's ever-patient Agnes Rennie from cutting the dictionary definitions out of lino as well as the words themselves. I think I wanted it never to end.

Sly Cooking is my gift to you. If you have a passing interest in the language, it will give you an entertaining and inspiring start. If you always thought Gaelic was inferior in capacity to English, think again. If you are a fluent Gaelic speaker, let it seriously enrich your lexicon. I hope that I have done justice to Father Allan's invaluable legacy, and helped to revive some weird and wonderful words and concepts which deserve never to be forgotten.

Catrìona Black,
Santpoort-Noord,
June 2017

Endnotes

i   http://www.gla.ac.uk/news/headline_424233_en.html

ii   Murray, *Father Allan's Island*, Harcourt, Brace and Howe, 1920, p.39

iii Black, *Eilein na h-Òige: The Poems of Fr Allan McDonald*, Mungo 2002, p.17

iv sgeulan: 'stories'

v   Murray, *Father Allan's Island*, Harcourt, Brace and Howe, 1920, p.194

vi Murray, *Father Allan's Island*, Harcourt, Brace and Howe, 1920, p.90

vii Campbell, ed, *Gaelic Words and Expressions from South Uist and Eriskay*, Dublin Institute for Advanced Studies, 1991

viii Campbell, ed, *Gaelic Words and Expressions from South Uist and Eriskay*, Dublin Institute for Advanced Studies, 1991, p.4

ix Murray, *Father Allan's Island*, Harcourt, Brace and Howe, 1920, p.177

x   Campbell, ed, *Gaelic Words and Expressions from South Uist and Eriskay*, Dublin Institute for Advanced Studies, 1991, p.3

xi Murray, *Father Allan's Island*, Harcourt, Brace and Howe, 1920, p.216

xii Roberts, ed, *A Hebridean Diary Kept by the Revd. Fr. Allan McDonald on Eriskay, September 1897 to June 1898*, unpublished, p.64

xiii Black, *Eilein na h-Òige: The Poems of Fr Allan McDonald*, Mungo 2002, p.44

xiv Campbell, ed, *Gaelic Words and Expressions from South Uist and Eriskay*, Dublin Institute for Advanced Studies 1991, p.1

xv Hutchinson, *Father Allan: The Life and Legacy of a Hebridean Priest*, Birlinn 2010, pp.178-9

xvi Black, *Eilein na h-Òige: The Poems of Fr Allan McDonald*, Mungo 2002, p.xi

xvii Black, *Eilein na h-Òige: The Poems of Fr Allan McDonald*, Mungo 2002

SLY
COOKING
42 irresistible Gaelic words

ÀIBHEIS

[<u>eh</u>-vis]

a large empty house,
and a large clumsy person.

ÀMHAILTEACH

[aa-valtjach]

making odd gesticulations.

ARRALACH

[<u>ar</u>-a-lach]

stubborn and saucy.
"Nach e tha arralach?" said of a child
who nearly chokes with impotent rage
and pettish crying.

BÀSADAIR

[baa-sad-ir]

a hole in soft ground (covered by moss)
with water underneath, where sheep
and cattle are often lost.

BÌDEAG AN DUINE MHAIRBH

[<u>bee</u>-jag an dinya <u>vir</u>iv]

the dead man's nip. I heard of a woman
who was married to a widower who
was nipped very severely on the night
of her marriage. She thought it was
the first wife.

BILEAGACH

[<u>bill</u>-a-gach]

said of a person who must taste
and sip every food or drink she sees.

49

BLIANAS

[blee-a-nas]

a lump of pale flesh. Applied to a man
with a large fat colourless face.

BUIGLEAG

[bwig-lag]

a soft-backed crab.
A lukewarm indifferent character.
A soft potato.

CABAG

[<u>ca</u>bag]

a woman with too much talk.

CAOIBHLEAG

[<u>cuy</u>-lag]

the little rings that form
on the surface of fat soup.

CAS-BHACAIG

[cass-<u>vach</u>-kaig]

a stumbling block, a tripping step.

CEASAD

[<u>case</u>-ad]

grumbling for lack of a thing.
What keeps food to the fairies is
this chiefly. Everything that mortals
wish to have and cannot have becomes
the portion of the fairies.

CINNICHD

[<u>kin</u>-yeehh-k]

tidying one's dress and one's person
with nervous gesticulations.

CIUTHACH

[cue-wach]

a cave-dweller, also said of a person
with long shaggy hair.

CLIAR-SHEANCHAIN

[clee-ar <u>hen</u>-ach-in]

when a troop of bards used to travel in company from the house of one gentleman to another, and whose hospitality they often put to an undue test, they were called the *cliar-Sheanchain*.

DLÒTH

[dlaw]

if corn were to lodge through rain or
wind and all lay the same way without
being twisted and mixed together.

EARRAIG

[eh-rag]

an attempt, a tugging of a person to
frighten him or a sudden darting upon
a person to frighten him.

FEADARRAICH

[fed-ar-eehh]

when the fire was being smoored and
the lights put out, to terrify children a
person would draw the tongs through
the ashes, and the greenish red light
from the embers were said to be the
feadarraich coming for children who
would not sleep quietly.

FOILEAG

[f<u>u</u>-lag]

an untidy dirty woman for food
and for any kind of housework.

FORAGRADH

[for-ag-ragh]

disturbance of an uncanny nature
heard in a house.

FORRADH

[for-agh]

sly work about food, cooking slyly.

GEOINICHD-CINNEACH

[<u>gyon</u>-eehhk <u>keen</u>-yach]

a fat solid block of a man.

GIOBAIN

[gib-ine]

a rag, a wretched ragged bedraggled creature.

GLAIGEIL

[g<u>lag</u>-yall]

loud talk as of garrulous females,
all talking together.

GOGADAICH

[gog-a-deehh]

tossing the head from side to side in a
nervous or vainglorious manner.

GÒSGLACH

[<u>gaw</u>-sklach]

the young birds before they leave
the nest. Also a fat lump of a boy.

GRÙDACH

[groo-dach]

searching for a lost object in a muddy
pool or well with the hands.

IOLAGAN

[i̲l̲l̲-a-gun]

the reason why daughters-in-law and
mothers-in-law can never agree is that
the devil is said to have shaken *iolagan*
between them. What these *iolagan* are
I don't know and can't find out
(if not links of devil's chain).

93

MABLADH

[mab-lagh]

awkward chewing such as a toothless
old man would make. Messing a thing up.

MIONAGADANAN

[min-a-gad-an-un]

the atoms seen in a ray of sunlight
coming into a house.

PÌLL

[<u>peel</u>]

an old piece of cloth soaked and rotting.
Pìll is also used for a wretched mangy
unwashed *sìliche* of a man.

PÌOBAIREAN NAN TOBHTAICHEAN

[<u>peeb</u>-a-run nan <u>toaf</u>-teeh-hun]

women who stand on the wall of the
house and call their husbands to dinner
or harangue their neighbours in a quarrel.

RIOBAG SHONAIS

[rib-ag honnish]

a straggling long hair growing on
a woman's chin is called by some
riobag shonais, hair of good fortune.
By others the same is called *riobag
chonais*, hair of quarrelsomeness.

RÒMHAN

[<u>raw</u>-an]

the choking groan of a cow
with a potato in its throat.

RONG

[r-<u>ow</u>-ng]

the spark of life in a dying beast.

SGAIRT
FHUATHACH

[sgartj <u>oo</u>-a-uch]

a horrible weird uncanny scream,
from others than the visible denizens
of the terrestrial globe.

SGIONC

[<u>sgink</u>]

forcing an object into an aperture less
than the object itself, eg putting a large
cork into a narrow-necked bottle.

SGÒRNAICH

[<u>scorn</u>-eehh]

violent retching cough. I have heard the form *còrnaich* from Fr Campbell in the phrase *Le chasadaich 's le chòrnaich chuireadh am bodachan mosach sgreamh air a' Chrìostachd*, the dirty old fellow would disgust Christendom with his coughing and retching.

SGROG

[skrog]

a contemptuous name for an old hulk
of a woman. Also an old hat.

SMAIG

[smuy-g]

a long chin, officiousness.

STORRADH

[stor-agh]

to importune a person to take a thing
as food when not inclined to take it.
Forcing, urging strongly, pressing.

119

ÙSLAIG

[oo-slag]

a great hulk of a slovenly woman.